Ferenc Erkel, Péter Somogyi

Bánk bán

Oper in 3 Akten

Ferenc Erkel, Péter Somogyi

Bánk bán
Oper in 3 Akten

ISBN/EAN: 9783744632294

Hergestellt in Europa, USA, Kanada, Australien, Japan

Cover: Foto ©Thomas Meinert / pixelio.de

Weitere Bücher finden Sie auf **www.hansebooks.com**

BÁNK BÁN

OPERA 3 FELVONÁSBAN
OPER IN 3 ACTEN

SZÖVEGÉT IRTA — TEXT VON
EGRESSI BÉNI
DEUTSCHER TEXT VON
PETER SOMOGYI

ZENÉJÉT IRTA — MUSIK VON
ERKEL FERENCZ

A szabadságharczot követő elnyomatás után, a végtelen szomorúság éjszakájában végre földerült a reménység első hajnalsugára. Hazafias érzelmeink az üldöztetés elől az irodalomban, a zenében kerestek és leltek menedék-helyet. Ilyen körülmények közt jelent meg 1861. évi márczius 9-én a színpadon Erkel Ferencz halhatatlan remeke »Bánk bán«, óriási lelkesedést keltve. Erkel Ferencz, ki mint harminczéves férfi, az 1840-ben megalkotott »Báthory Mária« czímű operájával elsőnek törekedett a magyar stilust nagyobbszabású műben kialakítani, az 1844-ben színrekerült »Hunyady László«-val szerzett hervadhatatlan dicsőségtől környezve, tizenhét évig hallgatott volt. Most Katona József nagyerejű tragédiájának megzenésítésével sokkal magyarabb, mindennemű egyéb szépségekben is gazdagabb dalművet ajándékozott nemzetének, mely azt hálás szívvel fogadta.

A jelen átirat kiadója sietett is akkor, tisztán zongora-átiratban, valamint részletes kiadásokban zongorára és különböző hangszerekre a gyorsan népszerűvé lett opera szépségeit a közönségnek hozzáférhetővé tenni, miáltal az akkor szerényebb igényeket teljesen kielégítette. Most a kiadó merészebb vállalkozásba fogott; nagy áldozatkészséggel, költséget nem kímélve az 1893. junius 15-én elköltözött mester remekműveit énekszólamos zongorakivonatban juttatja a közönség kezébe. A »Hunyady László«-val inaugurált díszes sorozatban a »Bánk bán« jelen kivonata alkotja a második kötetet s remélhetőleg széles körben fog elterjedni, hogy a magyar operastílust megalkotó mester iránt való kegyelet minden zenekedvelő házban méltó ápolásban részesülhessen. A kiadó e kivonat közrebocsátásával valóban hazafias munkát végzett, mely nemcsak köszönetet és dícséretet érdemel, hanem méltó a nagyközönség támogatására is, hogy ezzel a magyar operairodalom és különösen annak nagymestere: Erkel Ferencz becsesebb alkotásainak méltó publikálására serkentve érezze magát.

SOMOGYI PÉTER.

Dem Freiheitskampfe war die Unterdrückung gefolgt. Da schimmerte endlich in der Nacht unendlicher Traurigkeit der erste Hoffnungsstrahl. Unsere patriotischen Gefühle hatten vor der Verfolgung in der Litteratur, in der Musik eine Zufluchtsstätte gesucht und gefunden. Unter solchen Umständen erschien am 9. März 1861 das unsterbliche Meisterwerk Franz Erkel's, die Oper »Bánk bán« auf der Bühne und weckte ungeheure Begeisterung. Franz Erkel, der als Dreissigjähriger mit der 1840 komponirten Oper »Báthory Mária« als Erster bestrebt gewesen, den ungarischen Styl in einem grösseren Werke auszugestalten, hatte, umgeben von dem unvergänglichen Ruhme, den ihm der 1844 zum erstenmal aufgeführte »Hunyady László« eingebracht, siebzehn Jahre hindurch geschwiegen. Nun aber schenkte er, indem er Josef Katona's mustergiltige Tragödie in Musik setzte, der Nation ein stärker ungarisch klingendes, an sonstigen Schönheiten gleichfalls reicheres Opernwerk, welches dankbaren Herzens aufgenommen wurde.

Der Herausgeber dieses Auszuges beeilte sich auch damals die Schönheiten der schnell volksthümlich gewordenen Oper in einem textlosen, vollständigen Klavierauszuge, sowie in einzelnen Stücken für Klavier und verschiedene Instrumente zugänglich zu machen, wodurch er den damaligen geringeren Ansprüchen vollauf gerecht wurde. Jetzt wagte sich der Herausgeber an ein kühneres Unternehmen: mit grosser Opferwilligkeit, keine Kosten scheuend, vermittelt er dem Publikum die Hauptmeisterwerke des am 15. Juni 1893 dahingeschiedenen Meisters nunmehr in Klavierauszügen mit Gesangstimmen. In dieser mit »Hunyady László« inaugurirten prächtigen Serie ist der gegenwärtige Klavier-Auszug des »Bánk bán« der zweite Band und wird hoffentlich in weiterem Kreise Verbreitung finden, damit die Pietät für den Meister, der die magyarische Oper geschaffen, sich in jedem musikfreundlichen Hause würdiger Pflege erfreuen möge. Der Verleger hat durch Herausgabe dieses Klavier-Auszuges wirklich patriotisches Schaffen bekundet, das nicht nur Lob und Dank verdient, sondern auch die Unterstützung des grossen Publikums, damit er sich zu einer würdigen Publikation der werthvolleren Schöpfungen der ungarischen Opernlitteratur, besonders aber jener des Altmeisters Franz Erkel ermuthigt fühle.

PETER SOMOGYI.

SZEMÉLYEK — PERSONEN

II. Endre, magyar király . bariton
    Andreas II., König von Ungarn   Baryton

Gertrud, királyné . . . . . mezzoszoprán
    Gertrud, seine Gattin   Mezzosopran

Ottó, Berthold merani herczeg fia, Gertrud öcscse tenor
    Otto, Herzog von Meran ihr Neffe   Tenor

Bánk bán, Magyarország nagyura . . . . hőstenor
    Banus Bánk, Palatin von Ungarn   Tenor

Melinda, felesége . . . . szoprán
    Melinda, seine Gattin   Sopran

Petur bán, bihari főispán . . . . . bariton
    Banus Petur, Obergespan von Bihar   Baryton

Biberach, kalandor lovag . . . . basszus
    Ritter Biberach, ein Abenteurer   Bass

Sólyom mester . bariton
    Meister Sólyom   Baryton

Udvarmester . . . . basszus
    Hofmeister   Bass

Tiborc, paraszt . basszusbariton
    Tiborc, ein Bauer   Baryton

BÁNK-BÁN

ELSŐ FELVONÁS
Erster Act

PRELUDIO.

ENSEMBLE.

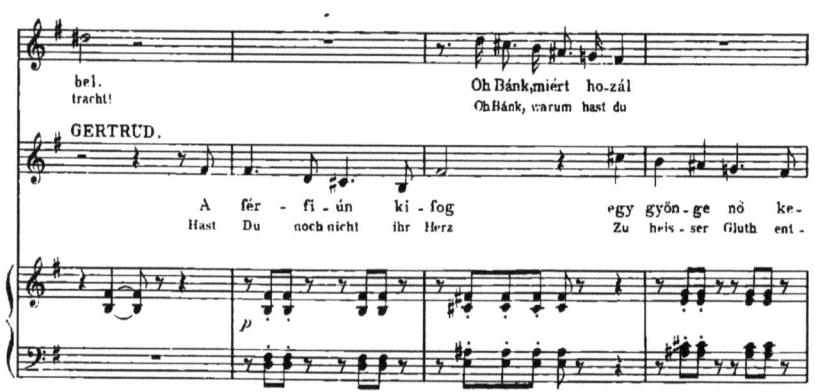

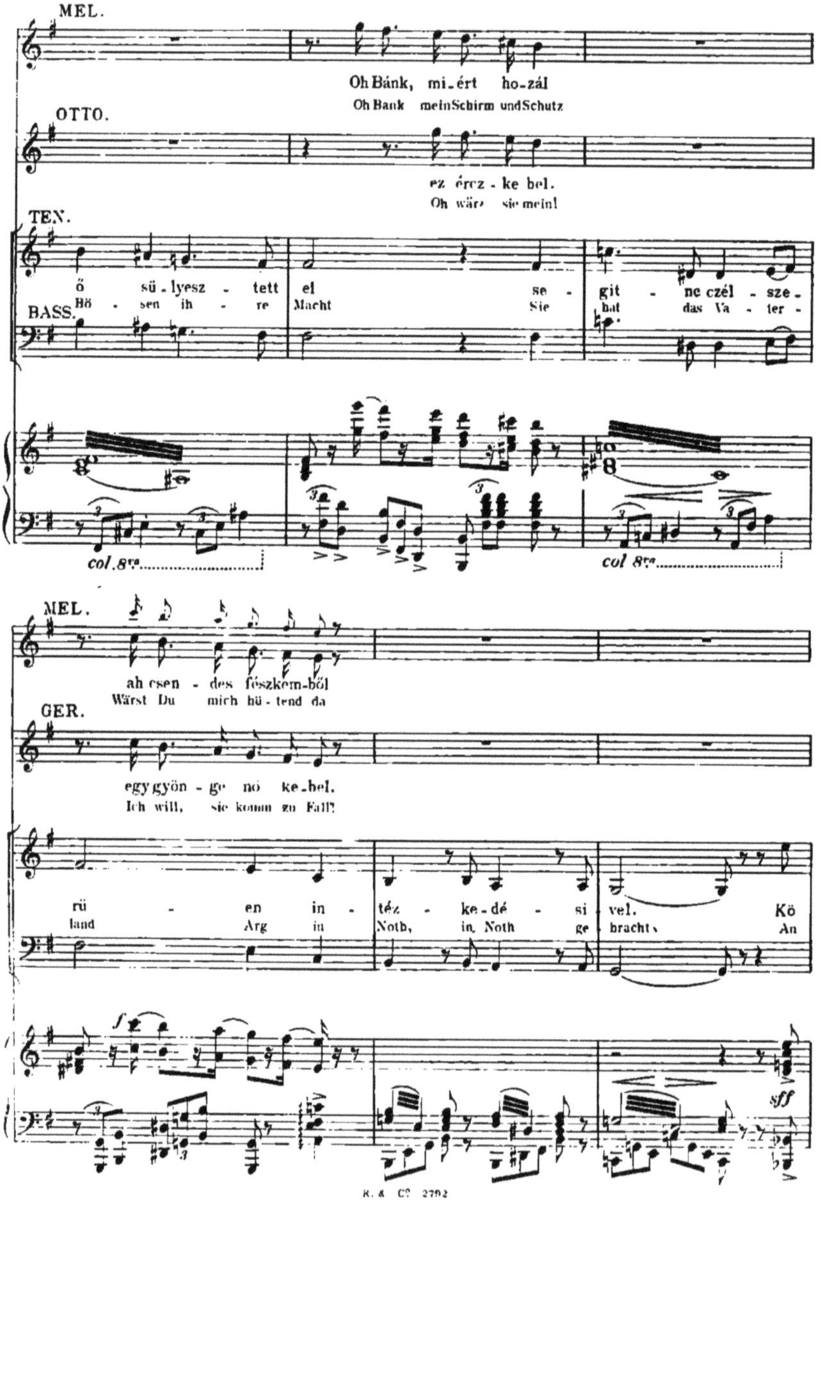
MEL.
Oh Bánk, mi-ért ho-zál
Oh Bank mein Schirm und Schutz
OTTO.
ez ércz - ke bel.
Oh wär sie mein!
TEN.
ő sü-lyesz - tett el se - git - ne czél - sze -
BASS.
Bö - sen ih - re Macht Sie hat das Va - ter -
col. 8va
col 8va
MEL.
ah csen - des fészkem-ből
Wärst Du mich hü-tend da
GER.
egy gyön - ge nő ke-bel.
Ich will, sie komm zu Fall!
rü - en in - téz - ke-dé - si vel. Kö
land Arg in Noth, in Noth ge - bracht. An
f
sff

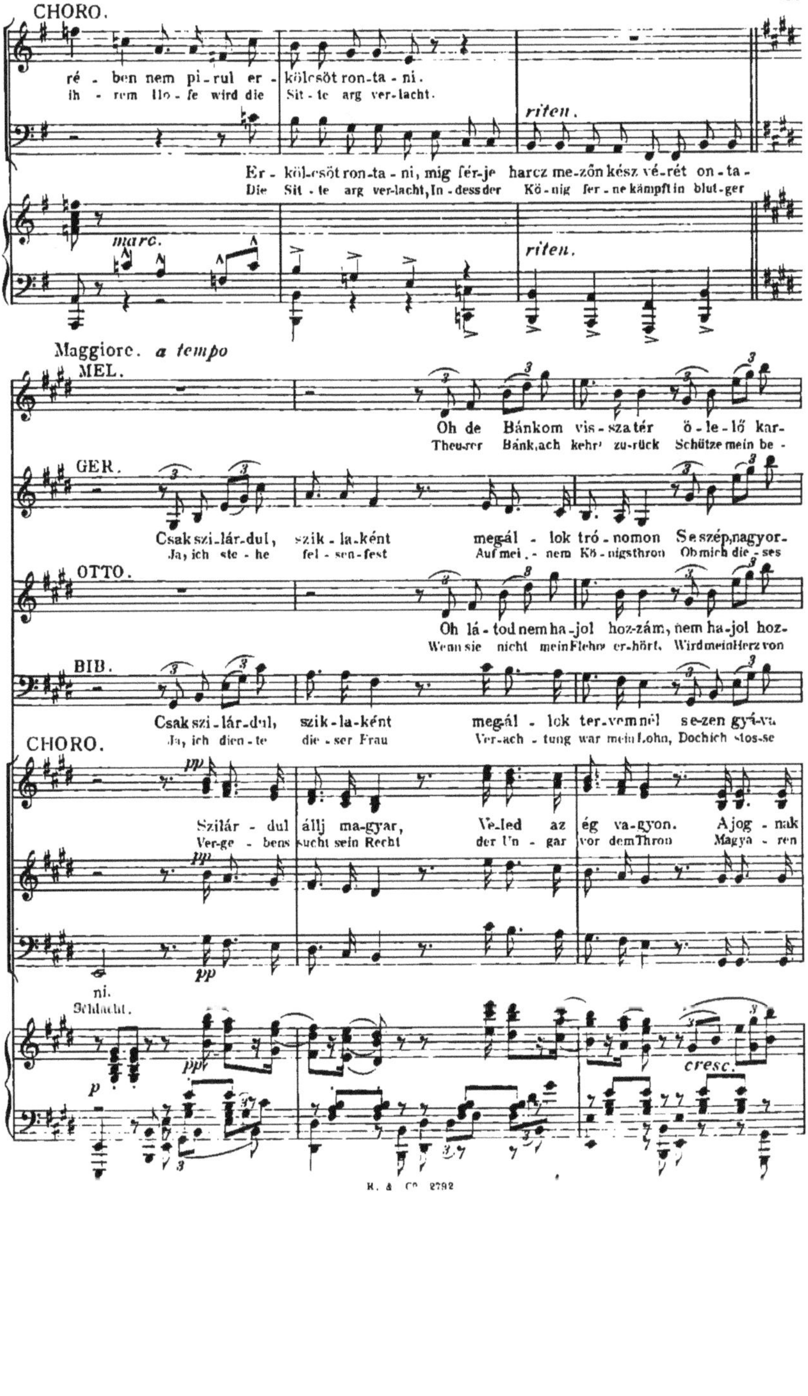
CHORO.
ré - ben nem pi - rul er - kölcsöt ron - ta - ni.
ih - rem Ho - fe wird die Sit - te arg ver - lacht.
riten.
Er - köl - csöt ron - ta - ni, mig fér - je harcz me - zőn kész vé - rét on - ta -
Die Sit - te arg ver - lacht, In - dess der Kö - nig fer - ne kämpft in blut - ger
marc.
riten.
Maggiore. a tempo
MEL.
Oh de Bánkom vis - sza tér ö - le - lő kar -
Theu - rer Bánk, ach kehr' zu - rück Schütze mein be -
GER.
Csak szi - lár - dul, szik - la - ként megál - lok tró - nomon Se szép, nagyor -
Ja, ich ste - he fel - sen - fest Auf mei - nem Kö - nigsthron Ob mich die - ses
OTTO.
Oh lá - tod nem ha - jol hoz - zám, nem ha - jol hoz -
Wenn sie nicht mein Flehn er - hört, Wird mein Herz von
BIB.
Csak szi - lár - dul, szik - la - ként megál - lok ter - vem nél se - zen gyá - va
Ja, ich dien - te die - ser Frau Ver - ach - tung war mein Lohn, Doch ich stoss se
CHORO.
pp
Szilár - dul állj ma - gyar, Ve - led az ég va - gyon. A jog - nak
Ver - ge - bens sucht sein Recht der Un - gar vor dem Thron Magya - ren
pp
pp
ni.
Schlacht.
p
pp
cresc.

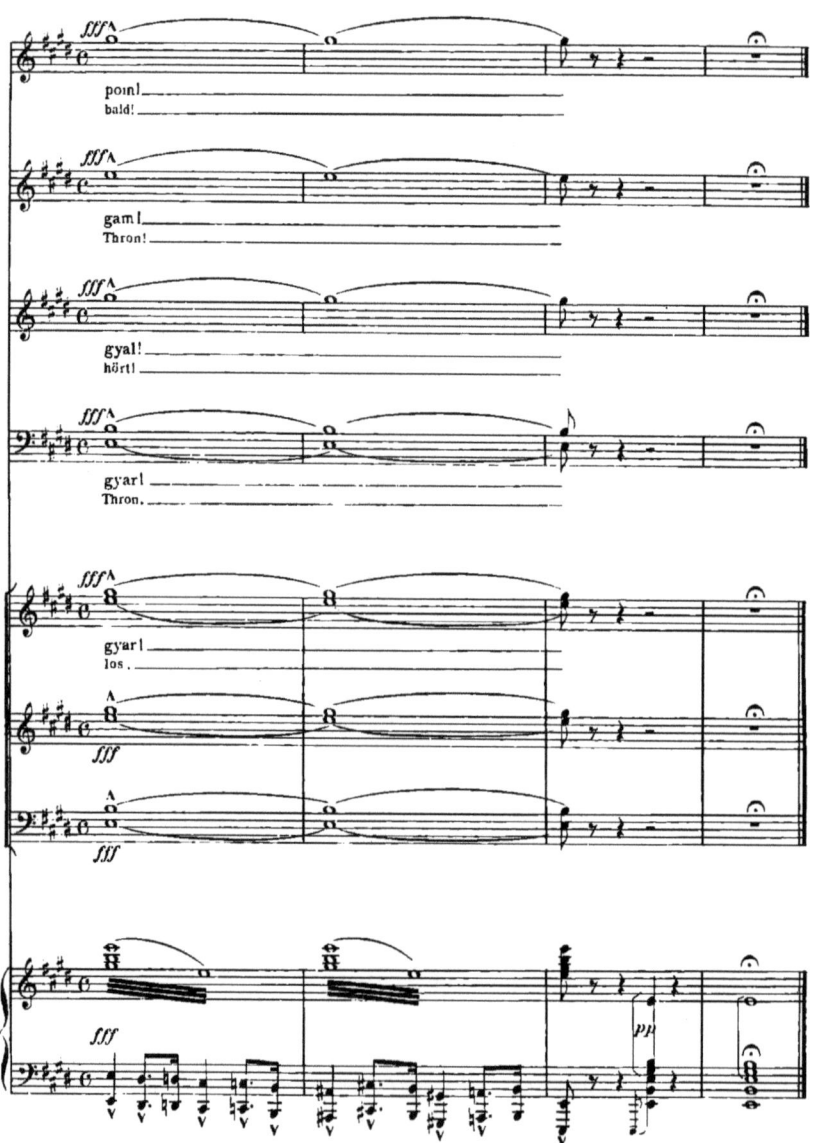

47

49

CSÁRDÁS.

DUETTO.

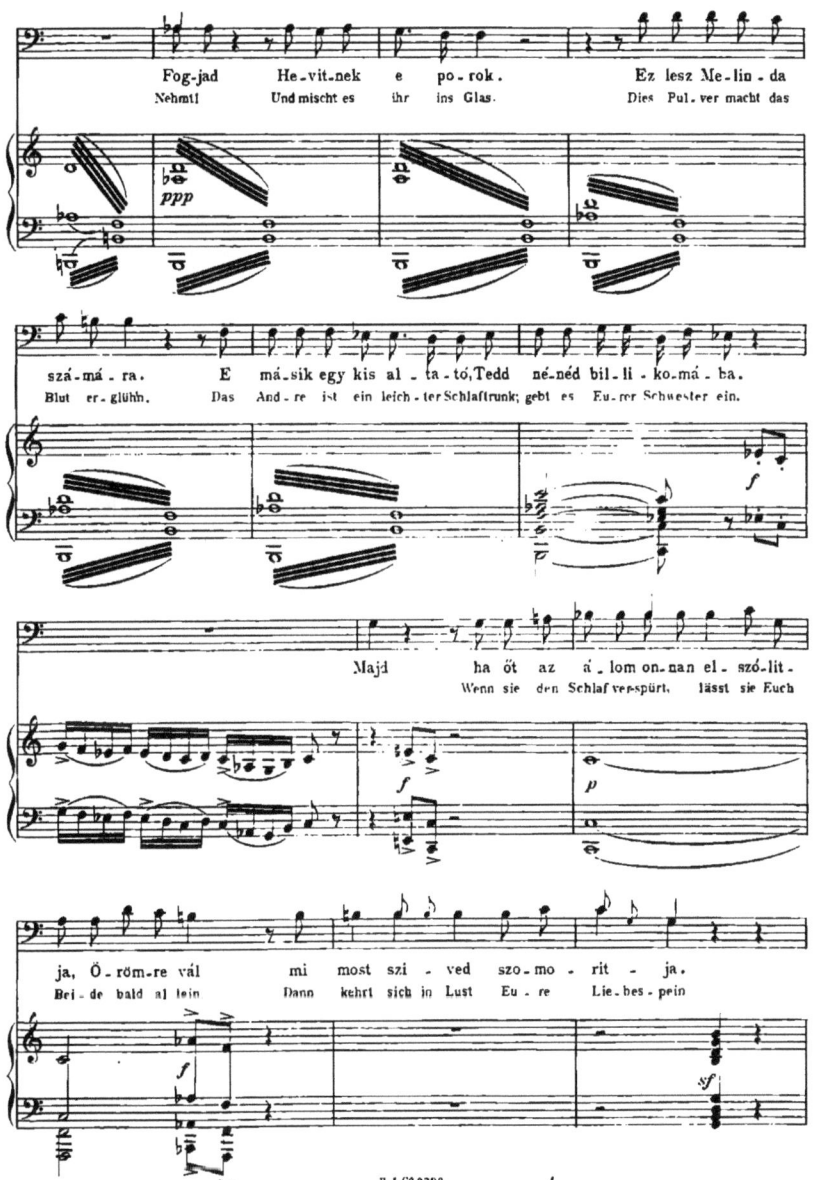

94

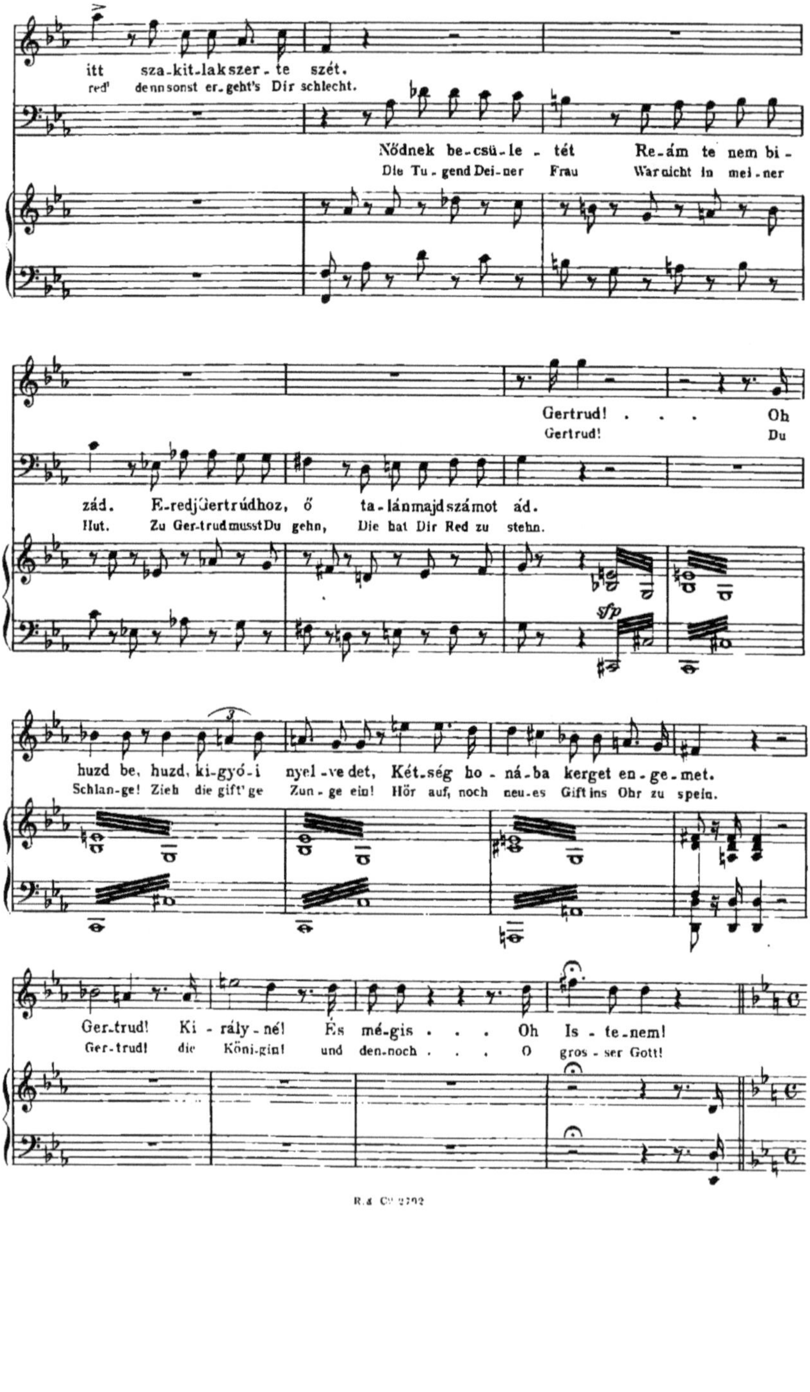
itt sza-kit-lak szer - te szét.
red' denn sonst er-geht's Dir schlecht.
Nődnek be-csü-le - tét Re-ám te nem bi-
Die Tu-gend Dei-ner Frau War nicht in mei-ner
zád. E-redj Gertrúdhoz, ő ta-lán majd számot ád.
Hut. Zu Ger-trud musst Du gehn, Die hat Dir Red zu stehn.
Gertrud! . . . Oh
Gertrud! Du
sfp
huzd be, huzd, ki-gyó-i nyel-ve det, Két-ség ho - ná-ba kerget en-ge-met.
Schlan-ge! Zieh die gift'ge Zun - ge ein! Hör auf, noch neu-es Gift ins Ohr zu spein.
Ger-trud! Ki - rály-né! És mé-gis . . . Oh Is - te-nem!
Ger-trud! die Köni-gin! und den-noch . . . O gros - ser Gott!

115

FINALE.

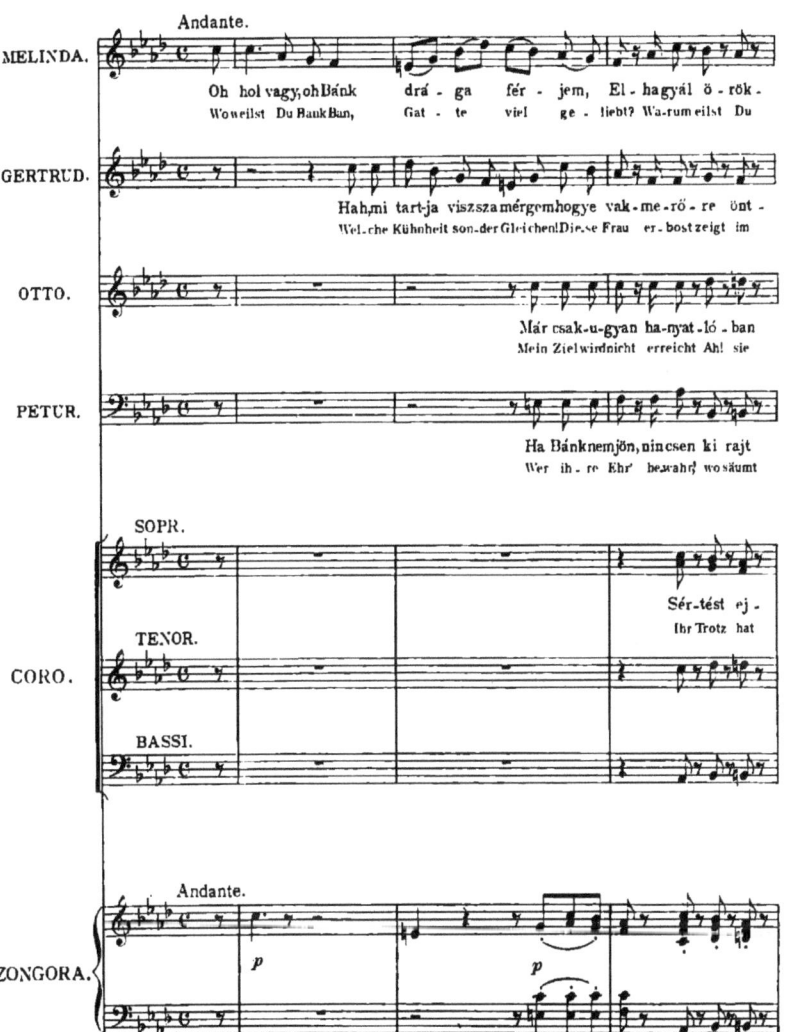

128

146

156

Fine del Atto primo.

163

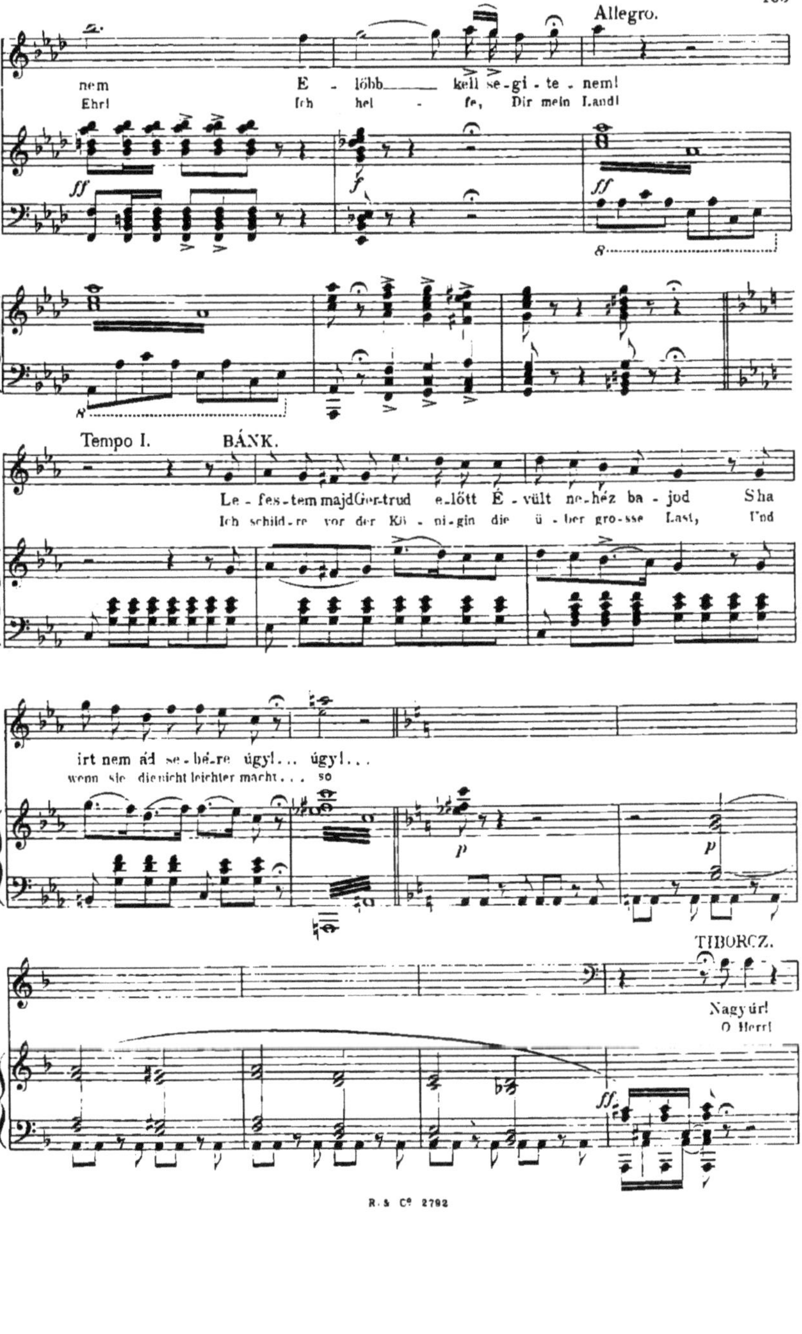
Allegro.
nem E - lõbb kell se-gi-te-nem!
Ehr! Ich hel - fe, Dir mein Land!
ff
f
ff
8
Tempo I.
BÁNK.
Le-fes-tem majd Ger-trud e-lõtt É-vült ne-héz ba-jod Sha
Ich schild-re vor der Kö-ni-gin die ü-ber gros-se Last, Und
irt nem ád se-bé-re úgy!... úgy!...
wenn sie die nicht leichter macht... so
p
p
TIBORCZ.
Nagyúr!
O Herr!
ff

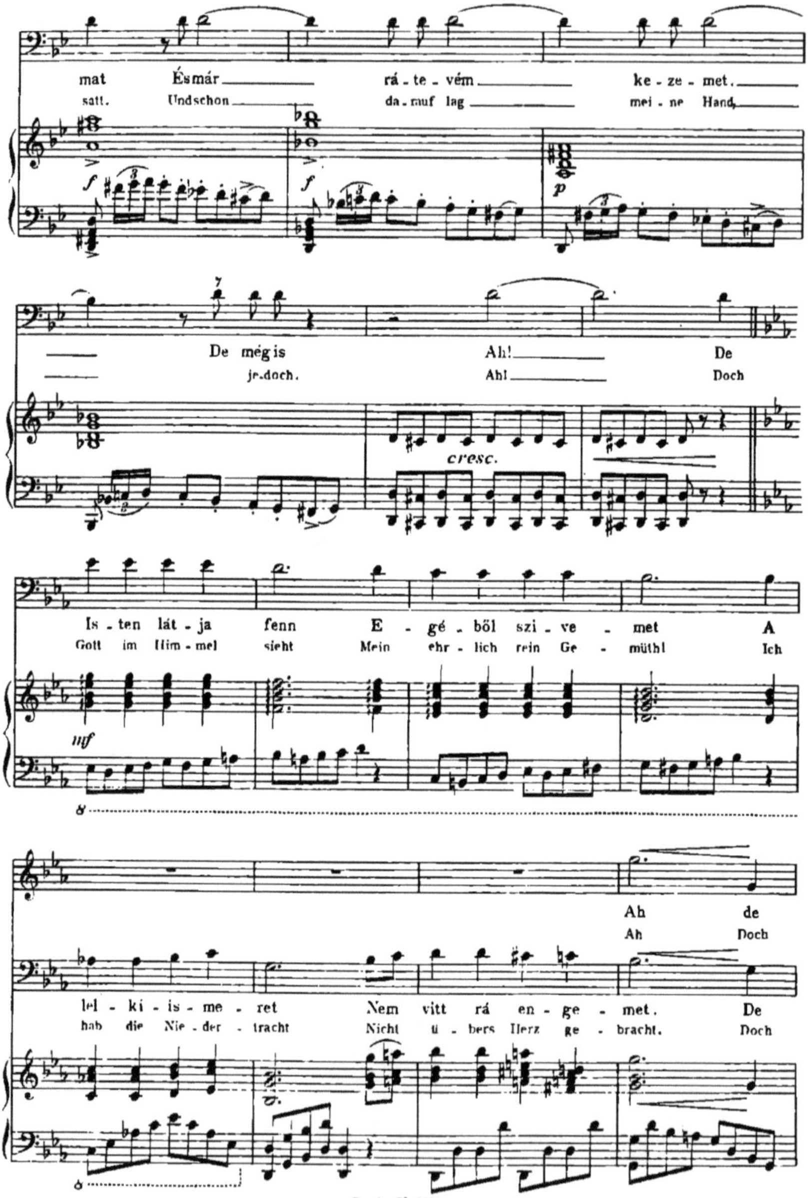
mat És már rá - te - vém ke - ze - met.
satt. Und schon da - rauf lag mei - ne Hand,
De még is Ah! De
je - doch. Ah! Doch
cresc.
Is - ten lát - ja fenn E - gé - böl szi - ve - met A
Gott im Him - mel sieht Mein ehr - lich rein Ge - müth! Ich
mf
Ah de
Ah Doch
lel - ki - is - me - ret Nem vitt rá en - ge - met. De
hab die Nie - der - tracht Nicht ü - bers Herz ge - bracht. Doch

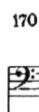

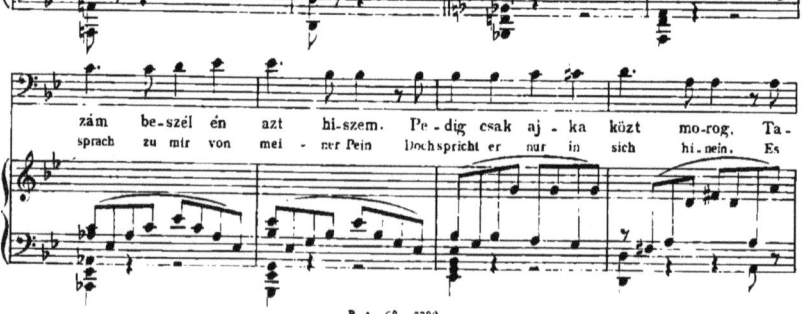

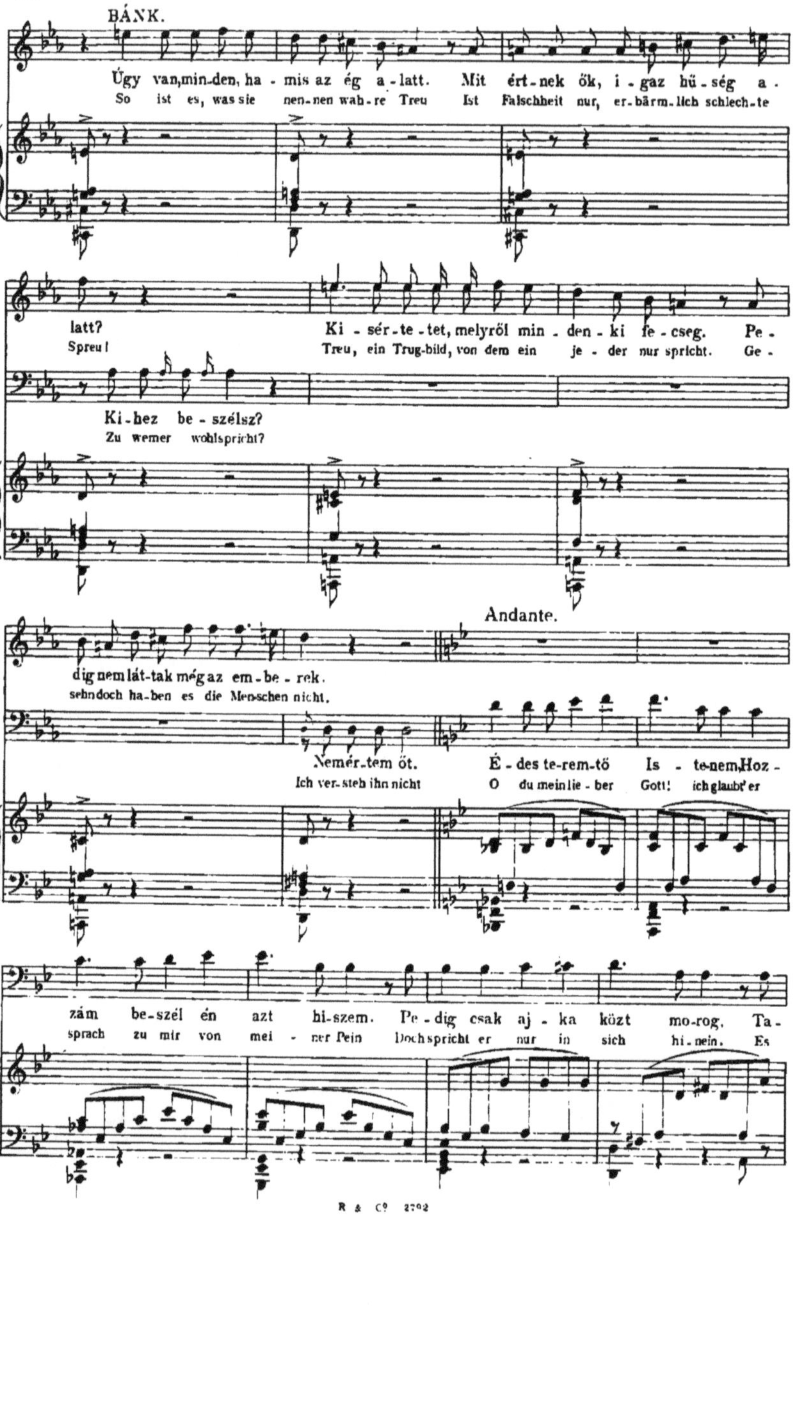
BÁNK.
Úgy van,min-den, ha - mis az ég a - latt. Mit ért - nek ők, i - gaz hű - ség a -
So ist es, was sie nen - nen wah - re Treu Ist Falschheit nur, er - bärm - lich schlech - te
latt? Ki - sér - te - tet, melyről min - den - ki fe - cseg. Pe -
Spreu! Treu, ein Trug-bild, von dem ein je - der nur spricht. Ge -
Ki - hez be - szélsz?
Zu wemer wohlspricht?
dig nem lát-tak még az em - be - rek.
sehn doch ha - ben es die Menschen nicht.
Andante.
Nem ér - tem öt. É - des te - rem - tő Is - te - nem, Hoz -
Ich ver - steh ihn nicht O du mein lie - ber Gott! ich glaubt' er
zám be - szél én azt hi - szem. Pe - dig csak aj - ka közt mo - rog. Ta -
sprach zu mir von mei - ner Pein Doch spricht er nur in sich hi - nein. Es

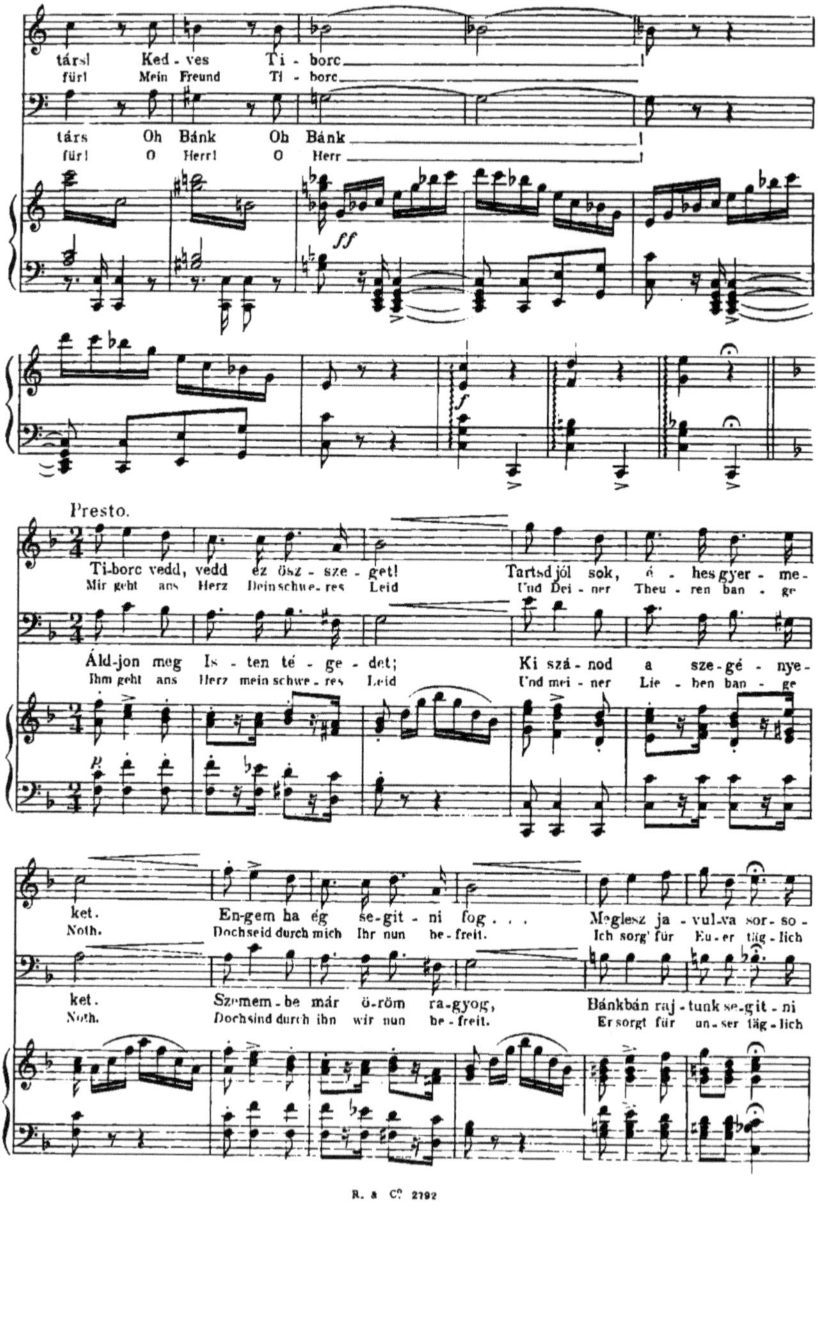
társ! Ked - ves Ti - borc
für! Mein Freund Ti - borc
társ Oh Bánk Oh Bánk
für! O Herr! O Herr
ff
f
Presto.
Ti-borc vedd, vedd ez ösz - sze - get! Tartsd jól sok, é - hes gyer - me -
Mir geht ans Herz Dein schwe - res Leid Und Dei - ner Theu - ren ban - ge
Áld-jon meg Is - ten té - ge - det; Ki szá - nod a sze - gé - nye -
Ihm geht ans Herz mein schwe - res Leid Und mei - ner Lie - ben ban - ge
p
ket. En-gem ha ég se - git - ni fog . . . Meglesz ja - vul-va sor - so -
Noth. Doch seid durch mich Ihr nun be - freit. Ich sorg' für Eu - er täg - lich
ket. Szemem - be már ö - röm ra - gyog, Bánkbán raj - tunk se - git - ni
Noth. Doch sind durch ihn wir nun be - freit. Er sorgt für un - ser täg - lich

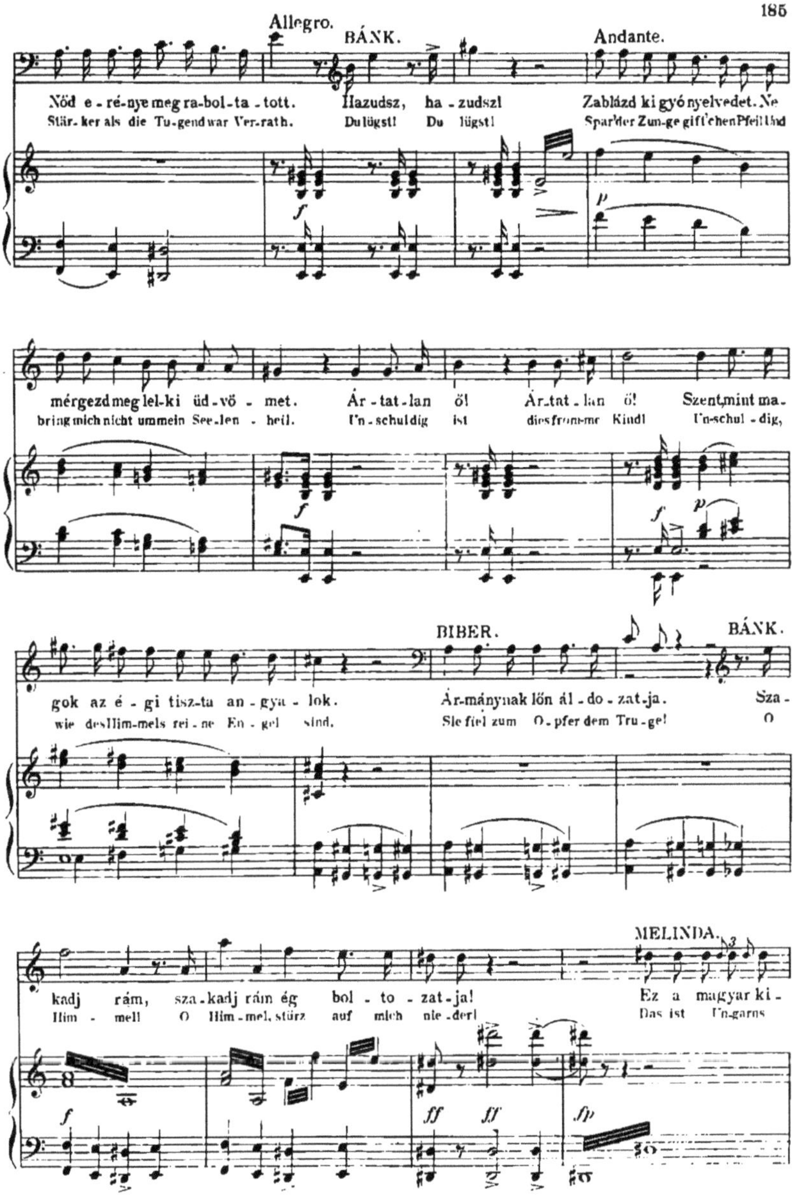
Allegro.
BÁNK.
Andante.
Nöd e-ré-nye meg ra-bol-ta-tott. Hazudsz, ha-zudsz! Zabládz ki gyó nyelvedet. Ne
Stär-ker als die Tu-gend war Ver-rath. Du lügst! Du lügst! Spar'der Zun-ge gift'chen Pfeil! Und
mérgezd meg lel-ki üd-vö-met. Ár-tat-lan ő! Ár-tat-lan ő! Szent,mint ma-
bring mich nicht um mein See-len-heil. Un-schuldig ist dies fromme Kind! Un-schul-dig,
BIBER.
BÁNK.
gok az é-gi tisz-ta an-gya-lok. Ár-mánynak lőn ál-do-zat-ja. Sza-
wie des Him-mels rei-ne En-gel sind. Sie fiel zum O-pfer dem Tru-ge! O
MELINDA.
kadj rám, sza-kadj rám ég bol-to-zat-ja! Ez a magyar ki-
Him-mel! O Him-mel, stürz auf mich nie-der! Das ist Un-garns

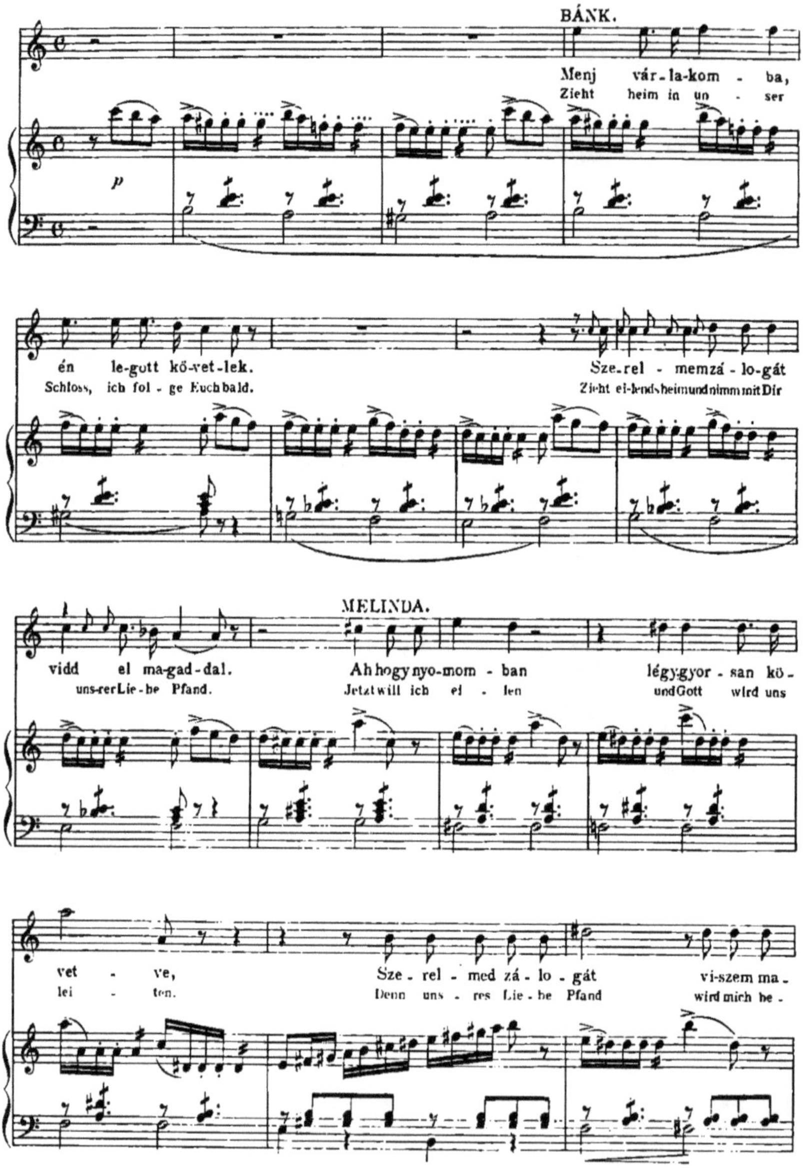
BÁNK.
Menj vár-la-kom - ba,
Zieht heim in un - ser
p
én le-gott kő-vet-lek.
Schloss, ich fol - ge Euch bald.
Sze-rel - memzá - lo-gát
Zieht ei-lends heim und nimm mit Dir
MELINDA.
vidd el ma-gad-dal.
uns-rer Lie-be Pfand.
Ah hogy nyo-mom - ban
Jetzt will ich ei - len
légygyor - san kö -
und Gott wird uns
vet - ve,
lei - ten.
Sze - rel - med zá - lo - gát
Denn uns - res Lie - be Pfand
vi-szem ma -
wird mich be -

209

222

224

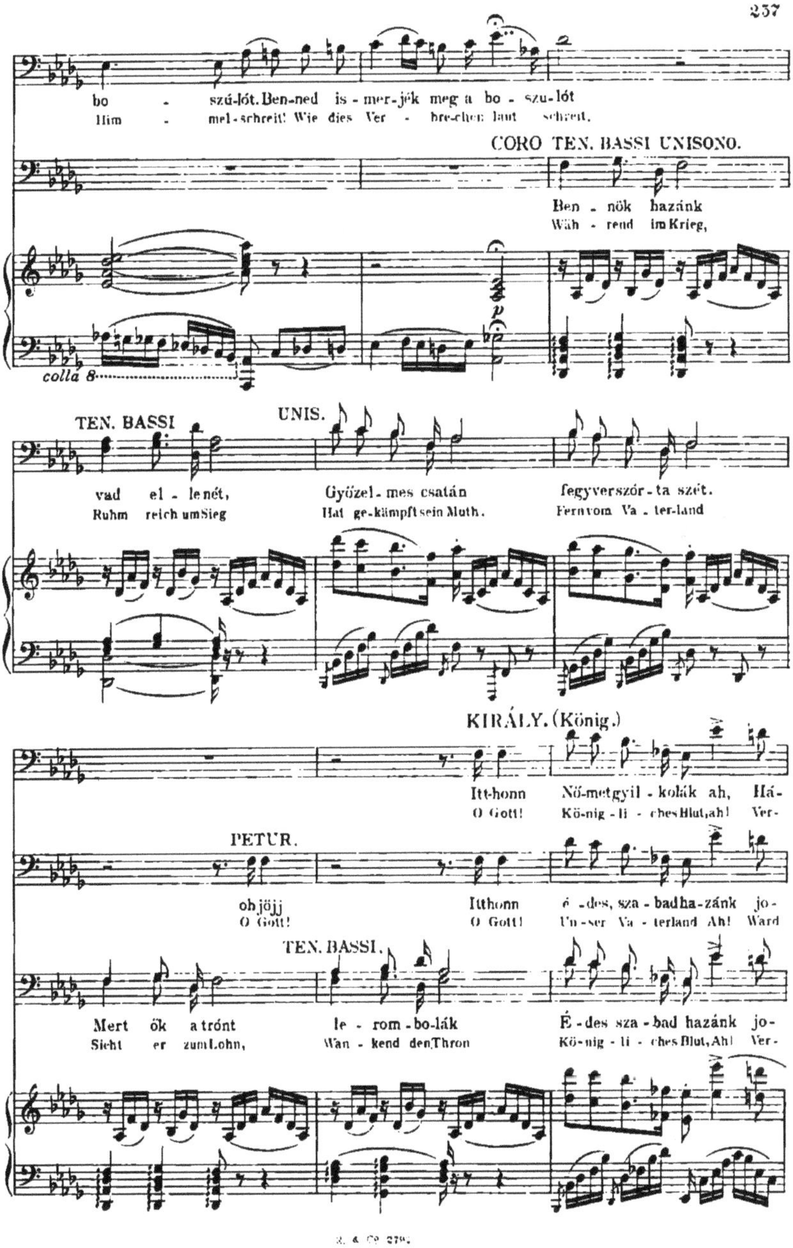
bo - szú-lót. Ben-ned is - mer-jék meg a bo - szu-lót
Him - mel-schreit! Wie dies Ver - bre-chen laut schreit.
CORO TEN. BASSI UNISONO.
Ben - nök hazánk
Wäh - rend im Krieg,
colla 8
TEN. BASSI
UNIS.
vad el - le nét, Győzel - mes csatán fegyverszór - ta szét.
Ruhm reich um Sieg Hat ge-kämpft sein Muth. Fern vom Va - ter-land
KIRÁLY. (König.)
Itt-honn Nő-metgyil - kolák ah, Há-
O Gott! Kö-nig - li - ches Blut, ah! Ver-
PETUR.
oh jöjj Itthonn é - des, sza - bad ha-zánk jo-
O Gott! O Gott! Un-ser Va - terland Ah! Ward
TEN. BASSI.
Mert ők a trónt le - rom - bo-lák É - des sza - bad hazánk jo-
Sieht er zum Lohn, Wan - kend den Thron Kö-nig - li - ches Blut, Ah! Ver-

HARMADIK FELVONÁS
Dritter Act

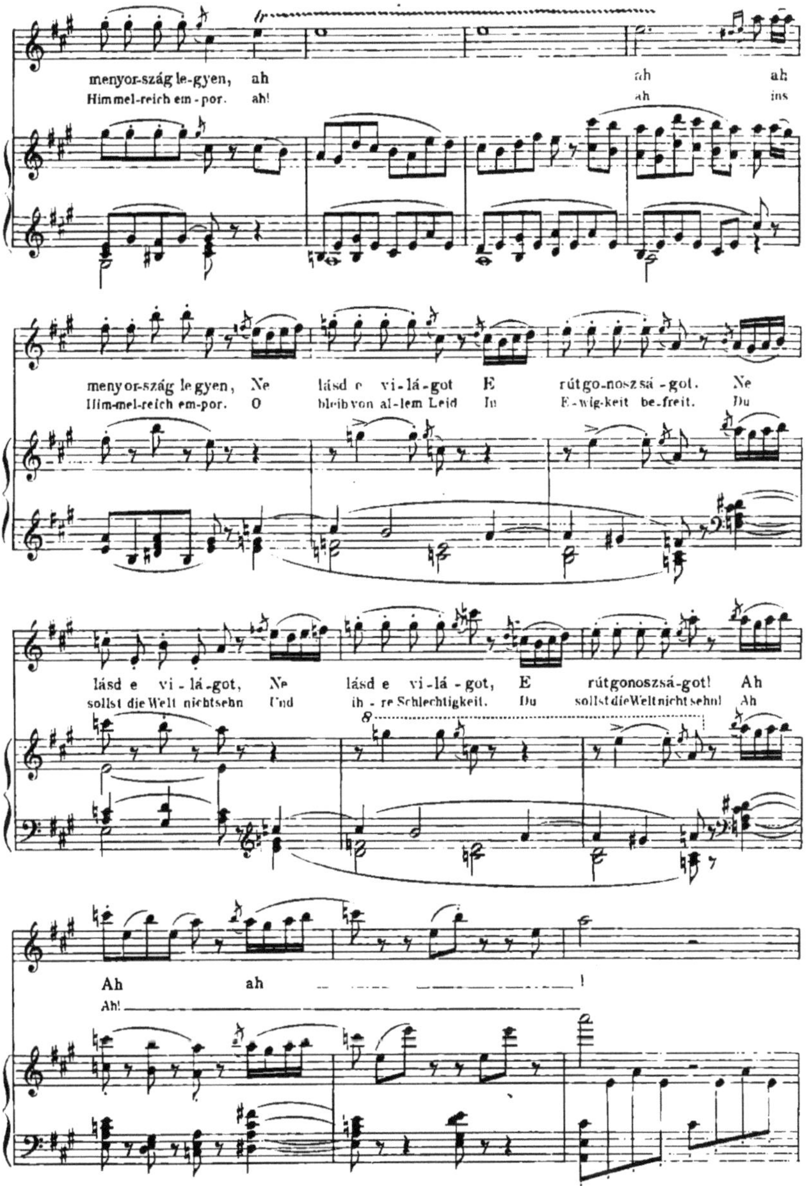
menyor-ország le-gyen, ah ah ah
Himmel-reich em-por. ah! ah ins
menyor-ország le gyen, Ne lásd e vi-lá-got E rút go-nosz sá-got. Ne
Him-mel-reich em-por. O bleib von al-lem Leid In E-wig-keit be-freit. Du
lásd e vi-lá-got, Ne lásd e vi-lá-got, E rút gonoszsá-got! Ah
sollst die Welt nicht sehn Und ih-re Schlechtigkeit. Du sollst die Welt nicht sehn! Ah
Ah ah !
Ah!

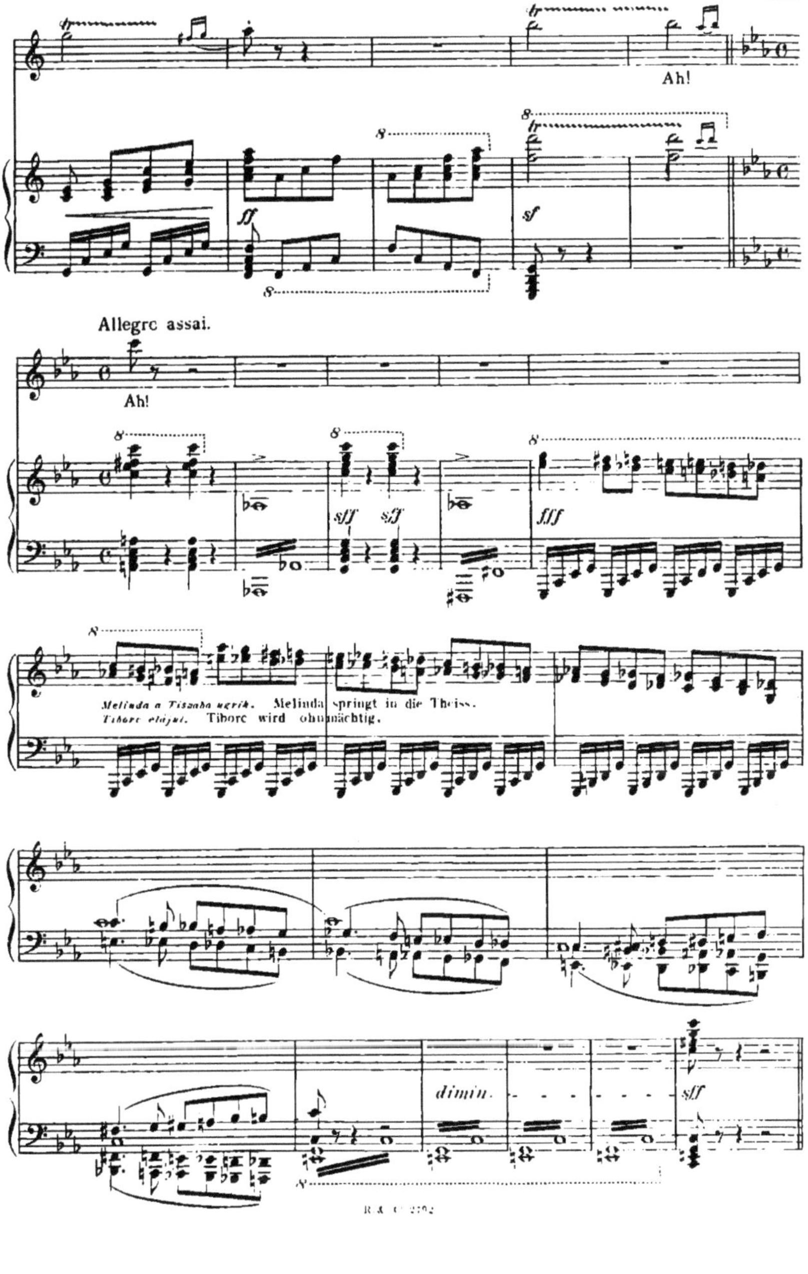

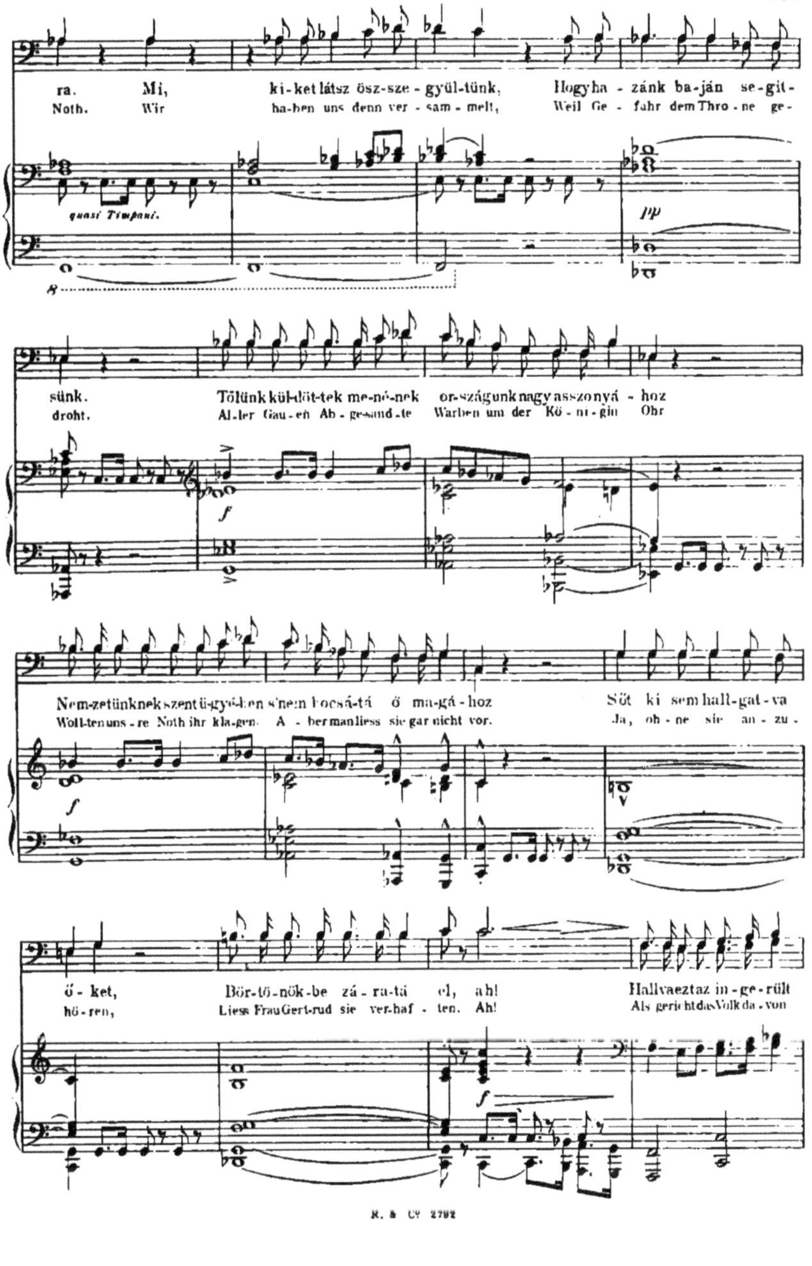
ra. Mi, ki-ket látsz ösz-sze - gyül-tünk, Hogy ha - zánk ba-ján se-git -
Noth. Wir ha-ben uns denn ver - sam - melt, Weil Ge - fahr dem Thro - ne ge -
quasi Timpani.
pp
sünk. Tőlünk kül-döt-tek me-né-nek or-szágunk nagy asszonyá - hoz
droht. Al-ler Gau-en Ab - ge-sand-te Warben um der Kö - ni-gin Ohr
f
Nem-zetünknek szent ü-gyé-ben s'nem bocsá-tá ő ma-gá-hoz
Woll-ten uns - re Noth ihr kla-gen. A - ber man liess sie gar nicht vor.
f
Söt ki sem hall-gat-va
Ja, oh - ne sie an - zu -
ő - ket, Bör-tö-nök-be zá - ra-tá el, ah!
hö - ren, Liess Frau Gert-rud sie ver-haf - ten. Ah!
f
Hallva ezt az in - ge-rült
Als gerieht das Volk da - von

314

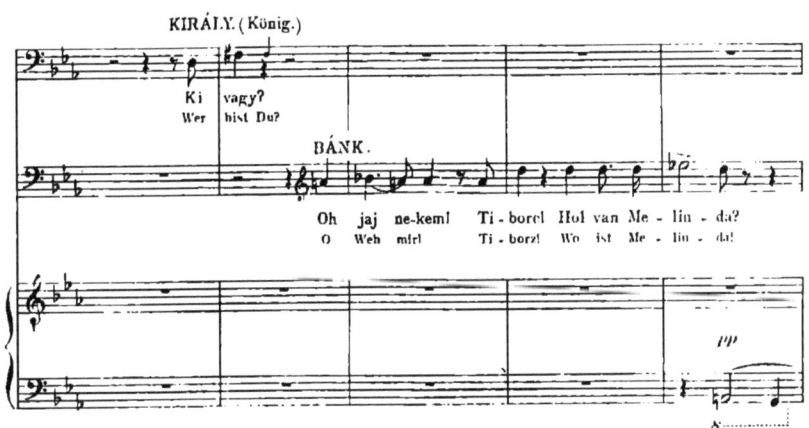

Fine dell' Opera.

BÁNK BÁN

szerzé: ERKEL FERENCZ.

Zongorára két kézre.

		Kr. Mk.
Teljes zongora kivonat	netto	6.
Bevezetés (Ouverture)		1.—
Keserű bordal		—.80
Magyar táncz		1.—
Egyveleg		3.—
Ellenbogen, Bánk Bán franczia négyes		1.20
Kovaltsik, Repertoire du théatre national No. 1. Bánk Bán		1.60
Payer, Le petit Debutant No. 18. Bánk Bán		—.80
Schulhof J., Un soir au théatre national de Hongrie. Fantasie de Concert sur des motifs de Bánk Bán		3
Székely J., Bánk Bán (13. Rhapsodia)		4.

Zongorára négy kézre.

	Kr. Mk.
Bevezetés (Ouverture)	1.
Amadée, Les jeunes Artistes No. 7. Bánk Bán	2.—
Les deux petites Virtuoses No. 24. Bánk Bán	.50
Doppler, Les fleurs des Operas No. 12. Bánk Bán	4.—
Erkel Gy., Kettős Bánk Bán dallamaiból	3.20

Zongorára hat kézre.

	Kr. Mk.
Erkel-Kropil, Bánk Bán Reminiscence	2.—

Zongorára és hegedüre.

Kohne, Scène delirante de l'Opera Bánk Bán	3.—
Doppler Ch., Les perles des Operas No. 7. Bánk Bán	4.—

Zongorára és fuvolára.

Doppler Ch., Les perles des Operas No. 7. Bánk Bán	8.

Énekhangra zongorakisérettel.

Keserü bordal	1.20

Többhangú dal.

Keserü bordal, Bariton-solo férfinégyes és zongorára	1.20

Czimbalomra.

Kún L., Egyveleg Bánk Bán operából	2.—

Czitérára.

Egyveleg Bánk Bán operából	2.—

TARTALOM. — INHALT.

I. FELVONÁS. — I. AKT.
Oldal – Seite

1. Előjáték — Vorspiel 3
2. Bevezetés és kar 6
   Einleitung und Chor
3. Recitativo és Bordal (Petur és kar) 12
   Recitat. und Trinklied (Petur u. Chor)
4. Recitativo és Összes: Királyné, Melinda, Otto, Petur, Biberach és kar .. 18
   Recitativo und Ensemble: Königin, Melinda, Otto, Petur, Biberach und Chor
5. Recit. és kar — Recit. und Chor . . . 41
6. Ballet:
   a) Német táncz 46
   b) Magyar táncz 60
7. Kettős, később hármas: Melinda, Ottó, Biberach 66
   Duett, später Terzett: Melinda, Otto, Biberach
8. Jelenet: Otto, Biberach 91
   Scene: Otto, Biberach
9. Bánk bán jelenete: Bánk, Biberach . 96
   Scene d. Bánk bán: Bánk, Biberach
10. Zárjelenet: Gertrud, Melinda, Ottó, Petur, kar 115
    Finale: Gertrud, Melinda, Otto, Petur, Chor

II. FELVONÁS. — II. AKT.
Oldal – Seite

1. Bevezetés és Bánk jelenése: Biberach, Bánk 161
   Einleitung und Scene des Bánk: Biberach, Bánk
2. Kettős: Bánk, Tibore 165
   Duett: Bánk, Tibore
3. Kettős: Melinda, Bánk 184
   Duett: Melinda, Bánk
4. Kettős: Királyné, Bánk . . . 213
   Duett: Königin, Bánk
5. Kar és Imakar 244
   Chor und Gebetchor
6. Induló — Marsch 250
7. Recitativo, Király áriája és Finale . 252
   Recitativo, Arie des Königs und Finale

III. FELVONÁS. — III. AKT.

1. Bevezetés és tiszaparti jelenet. Melinda, Tibore 269
   Einleitung und Theissscene: Melinda, Tibore

VÁLTOZÁS.   VERWANDLUNG.

1. Finale: Király, királyi tiszt, Bánk, Tibore és karok 300
   Finale: König, Königlicher Officier Bánk, Tibore und Chor.